PRÉCIS HISTORIQUE

DU

VIEUX SAINT-NAZAIRE

PAR

G. LE BARBIER DE PRADUN

Chevalier de la Légion d'Honneur

Membre de plusieurs Sociétés savantes

Aperit et nemo claudit.

BIBLIOTHÈQUE

DE LA

Société des Écrivains Régionaux

Siège social : Chabeuil (Drôme)

1907

PRÉCIS HISTORIQUE

DU

VIEUX SAINT-NAZAIRE

PAR

G. LE BARBIER DE PRADUN

Chevalier de la Légion d'Honneur

Membre de plusieurs Sociétés savantes

Aperit et nemo claudit.

BIBLIOTHÈQUE

DE LA

Société des Écrivains Régionaux

Siège social : Chabeuil (Drôme)

1907

PRÉCIS HISTORIQUE

DU

Vieux Saint-Nazaire

PAR G. LE BARBIER DE PRADUN

Aperit et nemo claudit.

Reconstituer le passé est une tâche généralement assez difficile, quand les documents surtout font presque défaut. On est alors obligé de tâtonner, d'interroger les anciens, de faire appel à leur obligeance ainsi qu'à leurs souvenirs. Heureux encore, quand on réussit à sauver de l'oubli certains faits, dont l'exposé comporte un intérêt historique.

C'est ainsi qu'on arrive à suivre les diverses évolutions d'un pays, à étudier ses progrès, ses changements successifs ; à rendre justice enfin à ces hardis pionniers, qui les premiers jetèrent ces germes féconds, dont le développement avec les années, contribue à la prospérité de leurs descendants.

Le roi des forêts dont nous admirons le tronc vigoureux, les vertes ramures, ne fut-il pas un frêle arbrisseau.

Telle est l'image de Saint-Nazaire.

Si une ville moderne, a surgi comme par enchantement des entrailles de notre sol, sous la baguette magique d'une fée créatrice, si nous admirons aujourd'hui ses vastes proportions, ses rues, ses boulevards, ses merveilleux chantiers de construction, ne devons-nous pas à juste titre en être fiers, en nous reportant à son origine.

N'est-ce pas nous attacher davantage à ce qui fut son berceau, que de suivre son prodigieux développement, en pressentant pour ainsi dire l'avenir qui lui est destiné.

Remontant à une époque, où il est relativement facile d'explorer le domaine de la vérité, nous écrivons une page essentiellement locale, laissant aux érudits, aux bibliophiles, le soin de glaner parmi des archives souvent incomplètes, la patience de déchiffrer des parchemins poudreux.

Grâce à l'obligeance d'un artiste émérite, d'un chercheur infatigable, M. Luc Totain, officier de l'instruction publique, certains renseignements inédits ont trouvé place dans ce précis.

Que notre ami veuille bien ici nous excuser, mais au risque de blesser sa modestie, nous nous permettrons de faire son éloge, car il possède une riche, et nous ajouterons une collection pour ainsi dire introuvable de tableaux, d'aperçus du vieux Saint-Nazaire dont il est l'auteur, ainsi que de curieux spécimens de la nouvelle entrée du port, qui font ressortir son remarquable talent.

De tels souvenirs honoreraient notre municipalité. En eflet, les années consacreraient leur valeur ; ce serait en outre une page inoubliable et attachante de notre histoire locale.

Nous devons également un témoignage de reconnaissance à M. Ernest Laudren, secrétaire de la société archéologique de notre ville, membre de la société polymatique du Morbihan, pour son gracieux concours.

Il serait à désirer, que chaque localité possédât un certain nombre de personnalités, dont la spécialité consisterait à fouiller le passé, afin de lui dérober ses secrets.

L'artiste dont le pinceau fait revivre parfois de véritables merveilles, n'a-t-il pas aussi des droits à notre gratitude.

Il arrive du reste fréquemment, que l'un et l'autre possèdent une véritable compétence. Leur dévouement est donc des plus précieux.

Ville très ancienne, d'origine préhistorique, St-Nazaire porta diverses dénominations. Selon quelques auteurs, son ancien port était connu à l'époque Gallo-Romaine sous le nom de Corbilon.

Jusqu'au VIe siècle, elle fut appelée *Nœdunum*. A cette époque, les reliques de saint Nazaire y furent apportées.

Un château, bâti dit-on par Brutus, occupait jadis l'emplacement de l'ancienne église paroissiale, démolie en 1899.

En 1380 le fameux Jean d'Hulst en était le gouverneur.

Un square en occupe aujourd'hui la place.

Situé sur la rive droite de la Loire, St-Nazaire comprenait autrefois, les rues Neuve, Vieille Eglise, la Pierre Bernier, (rue de la Rampe) la Grande Rue, la rue des Sables et la place du grand Cimetière, indépendamment de quelques agglomérations moins importantes.

Sa population se composait, il y a une soixantaine d'années, de plusieurs centaines d'habitants, pêcheurs pour la plupart, et d'un certain nombre de pilotes.

A l'est, se trouvait *le Portereau*, enrochement naturel qui se prolongeait servant de jetée, où les navires venaient se mettre à l'abri. Des bâtiments de trois à quatre cents tonneaux y avaient accès.

Des trous pratiqués dans le rocher, permettaient de retenir les amarres des embarcations, moyen qui nous paraîtrait aujourd'hui assez primitif. Son église bretonne, surplombait ce lieu de refuge.

Un modeste clocher, sans prétention, exposé à tous les vents dominait la contrée.

Les mouettes, les goelands s'y ralliaient, le frôlant de leurs ailes, décrivant leurs capricieuses paraboles, ouâtant le ciel d'une immaculée blancheur.

Cher petit clocher, en apparence si frêle, en réalité si robuste, les fureurs de l'ouragan ne pouvaient parvenir à t'ébranler !

Le coq gaulois qui veillait sur ta cîme, n'était-il pas le gardien vigilant du modeste asile, que fouettaient parfois les « embruns », et dont les vitraux tremblaient dans leurs châssis, sous le souffle des éléments déchaînés.

Légèrement penché vers l'ouest, tu semblais t'incliner dans une religieuse attitude.

Que de regards inquiets interrogeaient l'horizon afin de te découvrir aux approches du danger ! Ne servais-tu pas en effet de point de ralliement, ne rappelais-tu pas la patrie, ne représentais-tu pas aux yeux du marin, les espérances ainsi que les consolations !

Au-dessous du coq précité, une girouette *sous forme de main*, indiquait les quatre points cardinaux.

Ce souvenir a été déposé au musée.

Le petit cimetière entourait l'édifice. Ses croix disséminées, ses tombeaux grisâtres, aux inscriptions pour la plupart indéchiffrables, indiquaient l'abandon. Le vieux sol en effet, s'était à jamais refermé sur ces dépouilles.

L'herbe y poussait drue et serrée, à mi-jambe et de verts cyprès rabougris, secoués par la raffale, parvenaient difficilement à atteindre leur complet développement.

Le cri de la chouette, se répercutait sinistrement dans le voisinage.

Un escalier creusé dans le roc aboutissait au *portereau ;* on y descendait aussi sur la plage. La place communiquait également avec le séjour funèbre.

Le long des murs, chaque boucher y tenait son étal, les habitants s'approvisionnaient suivant leurs besoins. Les quartiers de mouton et de bœuf coûtaient *quinze à vingt* sous.

Il est vrai que le mot de *progrès,* était alors inconnu !

La Bretagne, nul ne l'ignore, est par excellence la terre de la foi et des convictions profondes ;

c'est en outre le pays des légendes, qui se perpétuent avec le respect des aïeux et le culte des défunts.

Pendant les tempêtes, les voix des morts se mariaient au bruit de la tourmente, des gémissements plaintifs s'échappaient du champ des trépassés, les cris des oiseaux de nuit traversaient l'espace. Le passant se signait avec une crainte respectueuse, hatant le pas pour échapper à quelque apparition fantastique. Le clocher lui-même ressentait comme des tressaillements, pendant que la cloche affolée s'agitait dans son cadre étroit en sonnant à toute volée.

La mer est grosse, le diable est à la côte! disaient les professionnels, nous aurons *un coup de tabac* prédisaient les plus expérimentés.

Les physionomies prenaient alors des expressions étranges, on pensait aux disparus, on récitait une prière pour leur repos éternel.

Les bonnes femmes plus sensibles, égrenaient leur chapelet, promettaient une neuvaine, une messe d'action de grâces, un pélerinage à la chapelle des marins, notre Dame d'Espérance.

En attendant, des cierges pleuraient leurs dernières larmes devant la statue de la vierge.

Que cette touchante tradition ne se continue-t-elle pas ! A la dérobée, de pauvres vieilles essuyaient leurs paupières humides, en souvenir du « gars » dont on guettait le retour. Chacun s'oubliait en un mot pour ne penser qu'aux siens.

Oh! que de vieux parents qui n'avaient plus qu'un rêve,
Sont morts en attendant tous les jours sur la grève,
Ceux qui ne sont pas revenus.

Ces paroles poignantes du poète, ne sont-elles point hélas trop véridiques !

Sur l'emplacement occupé depuis par l'hôtel Blanconnier, bordant le portereau, s'élevait un mur de trois à quatre mètres, que son propriétaire utilisait selon les circonstances, pour pêcher au carrelet d'excellentes fritures. Des terres apportées ultérieurement, ont permis d'y construire divers immeubles.

A proximité, la *Pierre Bernier,* descendait en pente douce jusqu'au rivage. Il ne reste aujourd'hui qu'un vieux mur aux assises solides ; on dirait un ancien bastion. L'eau arrivait au bas de la *grande fontaine,* dont il ne reste aucune trace.

En face, un brave homme, le *père Tartoué,* qui exerçait la profession de boucher, occupait une maison couverte en chaume, à laquelle on accédait par un perron. Son étal était à l'extérieur.

Aux abords de la grande rue, se trouvait l'hôtel *Loiseau.*

Nous sommes encore loin, on le voit, des futures transformations.

La mer couvrait l'étendue comprise depuis par la *place du Bassin*, et si de prime abord cette partie de la baie paraissait dépourvue de rochers, par contre une boue très épaisse y séjournait quand les eaux se retiraient.

Des carcasses d'anciens bateaux, des débris d'embarcations arrachés à ces bas-fonds en démontraient l'insécurité.

Des cours, des jardins apparaissaient protégés par des murs d'une certaine élévation. Çà et là, une porte flanquée de quelques marches trahissait une sortie ; ce qui permettait aux riverains de se produire sur la plage. Ces barrages, s'opposaient en outre à l'inondation. Toutefois, à mesure qu'on approchait de la rue des Sables, la hauteur de ces constructions diminuait sensiblement, la crue de ce côté étant moins sensible.

La petite fontaine située dans ces parages (hauteur de la pâtisserie Desgranges) se trouvant cernée pendant les grandes marées, les marins y descendaient avec leurs canots, à l'effet de s'approvisionner.

La côte s'infléchissait ensuite, laissant au nord-ouest le cimetière de la localité. (Abords de la gare maritime).

Une porte surmontée d'une croix, indiquait cet asile funèbre. Les enterrements suivaient la rue des Sables pour y parvenir. Un terrain réservé dans une sorte d'anse, recevait les corps des inconnus.

A l'extérieur se tenait la foire aux bestiaux.

Quiconque désirait gagner *la Ville Halluard,* descendait derrière le cimetière, en suivant à mer basse les ondulations de la côte, parsemée d'aigrettes de rochers, pour tomber au trait du même nom, auquel succédait celui de **Pen-houet.**

A distance émergeaient d'énormes blocs isolés, perdus au milieu des vases. Un lazaret tenu par des sœurs s'élevait à la pointe, où la marine évacuait ses malades.

Non loin, vers le nord, comme égaré autrefois dans une sorte de désert sauvage, le magnifique dolmen que nous admirons, profile depuis des siècles sa sombre silhouette, usant les générations comme à plaisir. Immuable comme le Sphinx, invulnérable sous la morsure impitoyable des frimas, lui seul résiste et semble avoir fatigué le temps lui-même.

Une revue publiée en 1832, signalait ce monument mégalithique des plus remarquables.

En 1904, dans la *Démocratie de l'Ouest,* nous avons consacré un feuilleton à ce vénéré patriarche, si digne de notre admiration.

Nous le trouvons aujourd'hui pour ainsi dire dépaysé, la civilisation le presse, l'étreint chaque jour davantage. Des habitations se sont élevées dans son voisinage, une rue porte son nom ; les Druides eux-mêmes sont associés à ce souvenir.

Entouré d'une grille, afin d'échapper aux injures du passant, aux détériorations coupables, quelques arbres lui font cortège, des parterres émaillés de fleurs embaument pendant la belle saison.

Pauvre vieux ! S'il pouvait parler que ne nous apprendrait-il pas !

Cette précieuse relique a été classée parmi les monuments historiques.

Un menhir des plus curieux se dressait autrefois dans ces parages, on eût dit une garde d'honneur auprès de son Seigneur et maître !

Le musée de St-Germain-en-Laye, nous a ravi malheureusement ce spécimen d'un autre âge. Lors du déblaiement du « bassin neuf », une *barque celtique* fut découverte, qui suivit hélas la même destination.

Pourquoi ces curiosités si rares, d'un intérêt historique incontestable, n'ont-elles pas été conservées. Cette perte irréparable est profondément regrettable pour notre musée actuel.

Retournons maintenant sur nos pas, et passons une revue sommaire des rues dénommées précédemment.

Que le lecteur ne se fasse aucune illusion, le vieux St-Nazaire avec ses toits de chaume pour la plupart, présentait un aspect *sui generis,* que nous cherchons en vain à reconstituer. Celui-ci s'est donc insensiblement transformé en prenant pour ainsi dire un air plus riant, ou si l'on préfère, plus en rapport avec le siècle.

A mesure que des innovations se produisent, la pauvre bourgade abandonne, si je puis m'exprimer ainsi, son antique parure si modeste, en perdant par cela même son primitif cachet d'originalité. Des horizons nouveaux, semblent déjà produire cette invincible attraction, à laquelle elle ne saurait désormais se soustraire. C'est le passé qui s'efface, un tableau dont la toile comporte un impérieux besoin de rénovation.

Sans aucune uniformité, la rue neuve se déroule tortueuse et inégale. Ses habitations présentent ce caractère particulier qui succède à la Renaissance. Le coup d'œil est assez disparate. En certain endroit, l'air se trouve comme comprimé, par les frondaisons qui surplombent la chaussée.

Du côté de l'eau, elle prend un aspect différent, la perspective varie comme un décor d'opéra ; on dirait un superbe kaléïdoscope.

Les vestiges d'une ancienne gentilhommière frappent les regards ; malheureusement celle-ci se trouve dépourvue de sa tour en poivrière, qui reconstituerait son véritable cachet.

Ce point culminant, ne rappelle-t-il pas l'antique veilleur sur son donjon féodal. Des poutres massives, de larges escaliers, prouvaient jadis la solidité de ces constructions. On y découvrait ces cheminées monumentales, où le bon rôt de nos aïeux cuisait à point devant une flamme pétillante, qui réchauffait de son ardente haleine la maisonnée tout entière.

Quel panorama admirable l'on devait embrasser de ce merveilleux observatoire hélas disparu.

Au loin, l'horizon forme une ligne indéfinie qui se confond avec le ciel.

La Loire dans son estuaire, mélange ses eaux sablonneuses avec l'Océan, pour insensiblement aller se perdre dans son unité.

C'est alors la mer avec ses ondulations multiples, capricieuses, son excessive mobilité; tantôt azurée avec le calme, tantôt se soulevant en bonds impétueux dans ses fantastiques colères.

Ici des flots, là-bas des ondes
Toujours des flots sans fin par des flots repoussés ;
L'œil ne voit que des flots sur l'abîme entassés
Rouler sur des vagues profondes.

Ces paroles du poëte, ne sont-elles pas d'une éternelle vérité ! D'énormes blocs de rochers, se dressaient autrefois à proximité du rivage, des crêtes perfides bordent la côte çà et là, rendant les abords très dangereux pour la navigation.

A l'extrémité sud-ouest, sur un plateau, s'élevait il y a quelques années la chapelle de Notre-Dame d'Espérance, édifiée vers la fin du XVe siècle, et remarquable par son portail gothique aux armes des seigneurs de Carnay.

Messire Jean-Baptiste de Mertens, chevalier et seigneur du Seuil, Président à mortier au parlement de Bretagne, époux de Dame Jeanne de Carnay, mourut le 14 mars 1706. Un membre de cette famille, aurait été l'un des créateurs du port de Brest.

La statue de la Vierge, dominait l'édifice précité depuis 1860 ; elle figure aujourd'hui au-dessus du portail de la nouvelle église paroissiale. Sa blancheur immaculée se détachait alors sur l'azur du ciel, paraissant planer à travers l'espace. Par un pâle rayon de lune, l'effet était fantastique, elle servait en outre de point d'observation aux marins, qui s'attachaient à cette douce vision et auxquels elle rappelait la terre natale.

N'aurait-on pu la réédifier dans le voisinage, au sommet d'une colonne par exemple, elle eût ainsi conservé son véritable cachet. Les habitants du reste y attachaient une sorte de culte.

A l'Est, une porte en ogive, représentait comme bases sculpturales, deux têtes, l'une d'homme, l'autre de femme, sous une expression curieuse de naïveté.

Grâce à l'intelligente activité de M. Totain, cet artiste consciencieux a fait revivre sous son pinceau délicat, ces reproductions inestimables qui ne sauraient désormais disparaître dans un oubli regrettable.

Le portail gothique a été transporté au jardin public, où les connaisseurs peuvent l'admirer, il est à regretter toutefois qu'il n'ait point été édifié sur un soubassement plus élevé. Il eut été si facile de flatter le coup d'œil !

Tant qu'à la porte en ogive, les deux cariatides servent d'ornements à une des sorties de cette ravissante promenade.

La masse sombre du monument, embrassait le séjour d'Amphitryte.

C'était un lieu de pélerinage, où de temps à autre l'accomplissements d'un vœu, attirait un équipage reconnaissant.

Cette modeste chapelle, connut néanmoins des jours de tristesse et de deuil, elle servit successivement d'école, d'écurie et de magasin.

Sunt lacryma rerum

Le Grand cimetière, abandonné depuis longtemps déjà la contournait. Une sorte de légende planait sur cette mystérieuse demeure,

Des anciens *nous ont affirmé,* avoir entendu raconter dans leur jeunesse que sous la Terreur, des cadavres échappés à la Loire, y furent pieusement recueillis.

La Révolution, on le voit, y ajoutait sa funèbre moisson.

Des ossements découverts lors des dernières fouilles, en quantités considérables, permettent de supposer qu'un charnier existait en cet endroit, ce qui démontrerait la véracité de cette assertion.

Des victimes de divers naufrages, y furent également inhumées.

Le voisinage de la mer, ne se prête-t-il pas aux conjectures.

Des pièces de monnaie à l'effigie de Henri IV, de Louis XIII, des débris oxydés ainsi que quelques médailles en argent, furent mises à jour. Un certain nombre d'outils antérieurs à notre époque, des parements de sculpture, d'anciennes statues dont l'une en assez bon état de conservation, ont été aussi découverts lors du déblaiement du sanctuaire.

Relativement aux recherches concernant la place de l'ancienne église, sont venus enrichir notre musée :

Un calvaire en bronze de vingt centimètres de diamètre, portant à chaque extrémité de la branche horizontale, deux têtes d'anges ciselées, ainsi qu'un Christ de même métal.

Un certain nombre de doubles tournois, époque Louis XIII. Plusieurs sarcophages en calcaire coquiller et en granit présentant un très grand intérêt. Il est à regretter toutefois qu'on ne puisse y attribuer aucune origine précise.

La rue Vieille Eglise, à laquelle nous communiquons par une ruelle à l'extrémité de la rue Neuve, est très curieuse.

En remontant vers le nord, des murailles aux fenêtres dissimulées par des pierres indiquent des traces d'habitations.

Elle aboutit de ce côté à la grande rue, par la ruelle Ordronneau ; un escalier de trois marches donne accès à cet étroit passage.

Le souvenir d'une vieille demoiselle, qui enseignait le catéchisme aux enfants, a sauvé ce nom de l'oubli.

Au sud, dans la rue Vieille Eglise précitée, quelques constructions paraissent remonter au XVIIIe, et au commencement du XIXe siècles. Elle rejoint également la rue précédente.

La grande rue vient ensuite sous un autre aspect, et selon les besoins d'un âge nouveau. De véritables transformations se sont accomplies.

Trois maisons à pignon ogival, aux portes à plein ceintre, aux fenêtres légèrement « moulurées », méritent une mention spéciale. De fortes voûtes inférieures, donnent accès à des caves entaillées dans le roc.

L'un de ces immeubles porte en saillie, une gargouille vigoureusement charpentée.

La gendarmerie, eut plus tard son siège dans cette rue, le bâtiment affecté à ce service public, servit successivement de maison d'école et de douanes.

Il y a une trentaine d'années, à la suite de réparations, un cercueil fut découvert sous la porte de la maison *Audibert*. Ce fait aurait eu des précédents, paraît-il.

Suivant une expression assez naïve de nos aînés, « les derrières » de la localité, formaient un enchevêtrement de venelles très étroites, qui se soudaient aux points principaux. Les ruelles Tartoué, Robert, Kergorre, Aumont, Ordronneau, donnent une idée de cette profusion.

En descendant vers le sud, on tombait au *trait de la source*, qui formait la séparation entre la rue des Sables et la Grande Rue. Celui-ci se subdivisait en deux parties, dont l'une aboutissait à la plage, et l'autre en remontant vers le nord-est, prenait la dénomination *de trait de la Genestais.*

La vieille Mairie était *à la Source.* Celle que nous voyons aujourd'hui fut construite sur l'emplacement d'un étang communal, ainsi que ses annexes. Du sable, quelques arbres entouraient ces terrains.

La municipalité comprenait un maire et un adjoint, la Sous-Préfecture résidait à Savenay, un syndic représentait la marine. Les rôles d'embarquement se délivraient au Croisic.

Au bout de la Genestais, l'auberge de l'*Etoile bleue,* tenue par *Couronné* père d'un ancien pilote, servait de rendez-vous aux rouliers, qui y descendaient les jours de marché.

La demeure d'un vieux marin, *le père Christien* bordait ce débit, et le brave homme avait à monter plusieurs marches pour réintégrer son domicile. Il lui arrivait parfois d'être envahi par les eaux, surprise toujours désagréable pendant la mauvaise saison.

Pour se rendre au Portereau, chercher des marchandises, les charrettes passaient, à mer basse, sur les terrains avoisinant les jardins, (Place du Bassin). Dans le cas contraire elles remontaient par la Grande Rue, pour descendre la Pierre Bernier.

Vers le centre, se prolongeait la ruelle du presbytère, bordée par des murs d'une certaine élévation, afin d'empêcher l'envahissement des Sables.

Lors de l'arrivée des premiers frères à Saint-Nazaire, vers 1834 ou 1835, une des chambres de la cure tenait lieu de classe.

On s'imagine facilement la joie des écoliers, quand il leur était donné par un grand vent, l'occasion favorable d'escalader les dunes.

Sur l'emplacement de l'asile, un passage de quelques mètres permettait de se faufiler, mais dans ces parages, les progrès incessants des amoncèlements, nécessitaient une continuelle surveillance.

La rue des Sables, située dans le voisinage, porte on le voit, bien son nom.

La façade d'une maison parallèle à cette rue, donne sur une ruelle très ancienne qui y communiquait semblablement.

Cet immeuble, semble appartenir à la fin du XVIIIe siècle. Une enseigne à demi effacée indique qu'en cet endroit, se trouvait l'auberge de la *Boule d'Argent*. Une veuve Guillard, nous a-t-on affirmé, tenait ce débit il y a environ cinquante ans.

De la rue des Sables, on gagnait directement la campagne, puis on arrivait à la ferme *du Parc-à-l'Eau*. (Rue Villez-Martin).

Un relai de poste y existait, où s'arrêtaient les diligences du Croisic à Nantes.

En laissant la dite ferme sur la gauche, on longeait le cimetière, pour aller chercher ensuite *le Prieuré et Bellevue.*

En obliquant du même côté, on tombait sur la route de Méan. Pendant les mauvais temps, celle-ci se trouvant inondée, les voitures y circulaient très difficilement.

Distrait de la commune de Montoir en 1865, Méan possède un port à l'embouchure du Brivet.

Certains historiens placent en ce endroit le Brivates Portus de Ptolémée. Des objets gallo-romains, y furent jadis découverts.

Les sauniers faisaient halte à Bellevue, chez le père Goury, où ils mangeaient, couchaient et remisaient leurs mules. Leurs voyages nécessitaient parfois plusieurs semaines. Au Parc-à-l'Eau également, ils jouissaient des mêmes avantages.

Disséminés à travers la campagne, les moulins offraient une attraction particulière.

Sur les rivages de la mer surtout, ils surgissaient à profusion, accaparant le moindre sommet. Loin d'être une exception à la règle, Saint-Nazaire se distinguait au contraire par leur multiplicité, et l'illustre Don Quichotte y eut trouvé maintes occasions d'exercer ses nobles exploits.

Au nord de la route de Guérande, se profilait le moulin Orain. La famille David en possédait deux, dont l'un occupé par le père Jacques, à deux cents mètres environ du précédent en descendant vers le sud, et l'autre à la *Dermurie,* appartenant à son fils Auguste.

A proximité s'élevait un menhir. S'il faut en croire la chronique, le propriétaire de l'immeuble précité, avait l'intention d'utiliser les pierres du monument celtique (détériorées par le manque de surveillance) pour se faire édifier un mausolée. Cette idée originale donnerait à supposer, que le brave homme ne se considérait pas comme le premier venu. Chacun n'a-t--il pas ses travers ici-bas !

Les moulins *de Maude, du Lin, d'Hulst, du Pé, Michaud, de Prézégat,* ainsi qu'un certain nombre dont le nom échappe, complétaient cette nomenclature.

A l'ouest, le village de la *Grande Fontaine,* ne comprenait que quelques feux, on y descendait du Parc-à-l'Eau, à mi-chemin était un lavoir. Un ruisseau communiquait avec la mer, on y passait sur des planches pendant les grandes marées, et le mauvais temps.

Un prieuré s'élevait aux environs de la localité (abords de la place Marceau), qui comportait une réelle importance. Ce couvent de bénédictins de saint Jean, appartenait à la congrégation de saint Aubin d'Angers.

Sa disparition paraît antérieure à la Révolution, car de 1720 à 1724 on constate déjà l'absence des religieux.

Vers 1793, il fut transformé en hôpital, mais pendant quelques années seulement, car à cette époque les malades furent transportés maison *Masson*, haute grand'rue.

Un chemin suivant la baie allait rejoindre la route royale de Nantes à Guérande, près du Calvaire, en passant par le Dolmen et le Prieuré alors en ruines, on y remarquait un vieux moulin.

La ferme du même nom, devint plus tard la propriété de la famille de Cran, sa contenance était évaluée à sept ou huit hectares ; le dolmen en dépendait. Des pièces, des médailles romaines, furent trouvées il y a un certain nombre d'années, aux abords de ce monument mégalithique.

La tour que nous voyons aujourd'hui (rue amiral Courbet) date des Espagnols, et fut construite sur les fondations du moulin précédent. Elle servit aussi de colombier. Au nord, s'étendait la métairie du *Bois Savary*.

Du Prieuré à Pen-Houet, on cotoyait la plage de la Ville-Halluard, au bas du dolmen ; on remontait ensuite par les villages de la Dermurie, de la

Mathe et Herbius, pour arriver à la Croix de Méan et au bourg du même nom, jusqu'au Vieux pont Louis XV, primitivement bâti en bois.

On découvrit au milieu des vases, il y a quelques années, une barque préhistorique creusée dans le tronc d'un arbre. Elle figurait à l'Exposition universelle de 1889, dans le pavillon des eaux et forêts, sa conservation était complète.

Au delà du pont, passait une voie romaine se dirigeant sur St-Nazaire et Villez-Martin, pour continuer le long de la côte par Saint-Sébastien, Pornichet, Escoublac, Guérande, jusqu'au Croisic.

Les villages dont les noms suivent, et que nous citons pour mémoire, ne comptaient que quelques feux: Le Grand et le Petit Gavy, Le Pertuis-Chaud, le Bois-Guimard, Beauregard, Tréméac, Villez-Martin, etc., etc.

D'après une étude remarquable publiée en 1903 par M. C. Bruneau, sur la Loire-Inférieure et ses communes, les maisons nobles dont les noms suivent, étaient :

La Motte-Allemand, à 4 kilomètres dans le Nord-Ouest, en 1370 à Guillaume de la Motte, dit L'Allemand.

Le prieuré d'Aine, à 5 kilomètres Nord, Nord-Ouest.

Le Bois Jolland, à 4 kilomètres Ouest Nord-

Ouest, appartenait en 1533 à Pierre du Chastel.

Cleux, à 8 kilomètres Ouest, était en 1392 à Jean de Cleux ; on y voit les ruines du vieux château.

Le Grand Heinlex où Heinlex-Rohan, à 6 kilomètres 1/2 Ouest Sud-Ouest, en 1330 à Bonab de Rochefort.

Trébal, 4 kilomètres Ouest Sud-Ouest.

Le Plessis, 2 kilomètres 1/2 Nord-Ouest.

Marsain, 6 kilomètres Ouest, Nord-Ouest, ancienne vicomté, en 1412 à Thomas Rochart.

A 5 kilomètres, sont les ruines de Heinleix-Pommerais.

A 5 kilomètres Ouest, on voit le tumulus et le dolmen de *Dissignac.*

Malgré l'exiguité de ses proportions, St-Nazaire possédait sa promenade favorite, son lieu de rendez-vous où les jours de fêtes et Dimanches, la jeunesse aimait à se réunir pour y passer quelques heures agréables.

C'était *au bois des Sables ;* on y buvait un lait délicieux à la métairie du même nom, puis jeunes gens et jeunes filles se livraient au plaisir de la danse, pour retourner tous ensemble, la journée une fois terminée, à leurs domiciles respectifs.

En cours de route, on égrenait de joyeux refrains qu'interrompaient parfois des rires perlés, qui montaient vers le ciel en juvéniles cascades ;

manifestations généreuses d'une débordante vitalité.

O primavera della vita

Les fiancés en profitaient, pour échanger de doux serments d'amour.

Et les vieux parents suivaient à distance, regrettant du passé les tendres réminiscences, escomptant l'avenir de leur descendance.

Le bois des Sables, si connu jadis, a changé son ancienne dénomination, *le bois de Sapins* lui a succédé.

Les arbres aujourd'hui clairsemés, ont presque disparu, déracinés, jetés bas par la tempête, arrachés; ils ne laisseront bientôt qu'un vague souvenir

Au delà, la ferme *de la Ville Etable* servait de limites aux habitations, la contrée présentait un aspect sauvage, que troublait le bruit de la mer et des flots, qui se brisaient sur le rivage.

Tel fut St-Nazaire, quand rien encore ne faisait prévoir sa merveilleuse fécondité, et cependant de ce sol vierge allait bientôt germer de nouveaux rejetons, pour en perpétuer l'ineffaçable souvenir.

La renommée de ses pilotes est restée légendaire.

Qu'on nous permette ici d'insister, pour faire ressortir le mérite d'une catégorie spéciale d'individualités, que l'on peut classer à juste titre sous le nom de Travailleurs de la mer.

Nul ne saura jamais, la somme d'énergie et de dévouement que nécessite cette profession si périlleuse entre toutes.

Que de courage et d'abnégation ne faut-il pas, pour vivre dans cette sorte de fièvre et d'agitation perpétuelles, où l'esprit toujours en éveil ne connaît aucun repos.

La lutte continuelle contre les éléments, est en effet le partage de ces hommes, qui sans cesse sur la brèche bravent les intempéries, et tiennent tête à l'orage avec une froide intrépidité.

Suivons du regard cette embarcation qui file comme une flèche, tantôt elle disparaît entre deux lames, traverse une vallée profonde, tantôt elle échappe à toute vision; puis soudain comme un cheval qui se cabre, se redressant sur la crête des vagues, elle continue sa course rapide.

Neptune lui-même, présiderait-il à cette évolution fantastique ?

Les embarcations cherchent un abri, elle avance visiblement, se jouant de tous les obstacles.

La mer semble un mouton secouant sa toison, a dit le poète, n'importe, rien ne l'arrête.

Ce frêle esquif, porte le pilote et ses hardis compagnons. Ceux-ci, on en conviendra, sont à bonne école; mais pour les âmes bien nées, affirme Boileau, la valeur n'attend pas le nombre des années.

Les uns et les autres sont partis à la découverte, non pas d'un nouveau monde, leur ambition est plus modeste, mais d'un bâtiment quelconque qui se réclame de leur dévouement.

Cet audacieux n'est pas seul au monde!

Il a une famille, des enfants qu'il aime, une épouse qu'il adore ; et cependant il est là, perdu au milieu de l'Océan, à la merci de l'imprévu, fouillant de son regard scrutateur les profondeurs de l'horizon.

Séparé par quelques planches de l'éternité, la mort, cette faucheuse sournoise, peut d'un instant à l'autre trancher le fil de ses jours.

Plus d'une fois, croyez-le, une larme furtive a mouillé ses paupières, ses lèvres ont balbutié une prière ; mais n'a-t-il pas depuis longtemps déjà offert à Dieu son sacrifice?

Il faut vivre sur le littoral, avoir été témoin de ces luttes continuelles, pour apprécier à sa juste valeur une existence aussi mouvementée.

La vie maritime à St-Nazaire, est donc intimement liée à celle de ces vaillants lutteurs.

En 1792, le sauvetage émouvant de l'équipage du navire les *Deux jeunes frères,* à la pointe de Chemoulin, relaté par les journaux de l'époque, le *Républicain Universel* et le *Moniteur de l'Armée,* mit en évidence les noms des *frères Christien*, ainsi que ceux de leurs compagnons : *Perret, Loiseau, Bernard, Berthaud, Robert et Lefèbvre,* qui se signalèrent par leur héroïque témérité.

Nous avons publié dans la *Démocratie de l'Ouest,* l'épisode de ce drame passionnant.

Saint-Nazaire compte actuellement un certain nombre de vieux loups de mer, dont les cheveux ont blanchi dans l'exercice de leurs rudes fonctions ; aussi leur expérience doit-elle servir d'exemple aux jeunes.

Voici leurs noms :

BONNIN Hippolyte (doyen)
COULON Alexandre, ancien pilote de la Cie Transatlantique, Chevalier de la Légion d'Honneur.
HASPOT René,
MOUTON Pierre,
LEGEAY Jean-Marie,
JOSSEAUME Joseph,
ROBERT Julien,
RICHARD Julien,
ROBERT Joseph,
VILLENEUVE François,
FERASSE Joseph,
DERVÉ Jean-Marie,
CRUSSON Prosper,
BERTHO Pierre,
PRUDHOMME Joseph,
BARON Ernest,
LESQUELLEC Charles.

Suivent les nobles traces de leurs devanciers :

LEMOINE Jean,
CRUSSON Jules,
FRIARD Georges,
VILLENEUVE Jean,
PABŒUF Joseph,
LHERMITE Léon,
BONIN Louis,
DERVÉ Jean-Pierre,
JOALLAND Jules,
GALAIS Casimir,
COLIN Félix,
MAHÉ Charles,

LOREC Benoist,	VILLENEUVE Joseph,
BROBAND Henri,	BERNARD François,
MERLET François,	BAUDRY Jean-Louis,
CARLU Pierre,	COINTE Vincent.
SERVAUX Frédéric,	PICHON Théodore,
MONNIER Pierre.	GUILLERME Mathurin.

Nous ferons remarquer au lecteur, que dans certaines familles, il est de tradition de suivre la carrière des aïeux; c'est un héritage des plus honorables, qui démontre la grandeur de cette profession.

Une certaine affinité existe donc sous ce rapport, entre l'ancien et le nouveau Saint-Nazaire.

De ce petit coin de terre, si transformé aujourd'hui par ses évolutions successives, de cette pauvre bourgade placée comme une sentinelle avancée à l'embouchure d'un des plus beaux fleuves de l'Europe, les premiers occupants ainsi que leurs descendants, aimaient à lutter de courage et d'énergie, pour disputer à l'Océan les richesses de son sein intarissable, les merveilles de son inépuisable fécondité.

Dans l'intervalle, les femmes racommodaient les filets, gardaient « les mioches », attendant le retour du chef de famille dont la barque perdue aux confins de l'horizon, explorait les bas-fonds productifs.

Un léger sillage, ridait à peine la surface des eaux. Les chaloupes rentraient avec le flux.

La pêche était-elle abondante, chacun se réjouissait de cette bonne fortune. Laissait-elle au contraire à désirer, tous reprenaient confiance, car on savait se contenter de peu.

L'égoïsme, la cupidité n'avaient aucune prise sur ces natures franches et généreuses, à la foi robuste et indestructible comme le granit de leurs falaises. Le sang des fiers Gaulois, ne coule-t-il pas toujours dans les veines des enfants de la vieille Armorique.

Suivant les circonstances, on appareillait à la faveur de la nuit, au scintillement des étoiles, à la clarté de la lune qui se reflétait sur les flots.

Per amica silentia lunæ

Les ténèbres étaient-elles trop profondes, on s'aventurait avec confiance, car on connaissait les passes, la direction des courants.

Le vent se levait-il soudain, on prenait « des ris », courait « des bordées ».

Devenait-il menaçant, on cherchait un refuge dans le port le plus rapproché, où on relâchait par prudence.

L'été, les femmes s'adonnaient à la pêche des

moules, des crevettes, des crabes, des bigorneaux, des rigadeaux, etc...

Le plus âgé des enfants gardait ses frères et sœurs, « la marmaille », comme étant censé le plus raisonnable, ce qui n'était point un article de foi.

L'hiver, par exemple (toute médaille n'a-t-elle pas son revers) le chômage parfois s'imposait, et l'embarcation attendait, à l'abri du portereau, la saute de vent indispensable pour gagner la haute mer.

La « grande verte » étant essentiellement capricieuse, ne fallait-il pas se plier à ses exigences, obéir à ses fantaisies, un trop grand nombre qui s'étaient exposés au danger, avaient payé de leur vie cette fatale imprudence, et la mer trop gourmande n'avait point rendu leurs cadavres.

Ne lui arrive-t-il pas, comme Saturne, de dévorer ses propres enfants!

Blonde et pleine d'amour, chantée par les poètes, ne serais-tu qu'une sournoise, qu'une hypocrite? Hélas!

Un malheur survenait-il, une mère était-elle frappée dans ses affections les plus chères, une disparition jetait-elle le désespoir, la désolation au sein d'une famille; on eût dit qu'un manteau de deuil enveloppait la localité tout entière, et le glas des morts se répercutait tristement en lugubres plaintes.

Les physionomies s'assombrissaient, reflétaient une impression générale de tristesse, la consternation était universelle.

Une femme se trouvait-elle privée de l'époux adoré, de son unique soutien, chacun participait à ses peines, s'associait à ses regrets, compatissait à son chagrin, et la veuve infortunée trouvait un adoucissement à sa douleur, en acceptant plus courageusement son sacrifice.

Quand la peine est partagée, n'est-elle pas plus supportable, moins amère !

C'était du reste à charge de revanche, un prêté pour un rendu, et nul ne cherchait à s'y soustraire.

Des orphelins restaient-ils par hasard privés des consolations du jeune âge, le ménage le plus à l'aise prenait soin de leur adoption, et tous partipaient au besoin à cette action méritoire et philanthropique.

Gràce à cette touchante sollicitude, les pauvres petits grandissaient sous une tutelle bienfaisante et salutaire dont ils ne pouvaient encore concevoir tout le prix, comprendre la véritable grandeur.

Touchante communauté dans le dévouement, fraternité sublime pratiquée sans ostentation, et avec la conscience tranquille du devoir accompli. Réclame tacite qui engendre la reconnaissance, en élevant l'âme dans ses plus nobles aspirations.

Depuis un certain nombre d'années le nom de St-Nazaire rayonne sur les cinq parties du monde, ses paquebots, ses voiliers parcourent toutes les mers.

Le gland (qu'on nous passe cette expression) est devenu un chêne vigoureux, dont le développement s'accentue encore davantage.

De même que les légions de César, l'antique bourgade est sortie du sol, pour s'imposer à notre admiration.

Çà et là se succèdent des innovations, elle se modernise en un mot et, trop à l'étroit sur le seuil où se passa sa jeunesse, elle accepte le présent avec philosophie, fière de ses souvenirs, mais aussi confiante dans son avenir.

Notre tâche est terminée.

Malgré les témoignages d'encouragement que nous avons reçus, nous n'émettons pas la prétention d'avoir épuisé la source qui se rattache à ce précis. L'histoire est un vaste champ où on trouve toujours quelque chose à glaner; néanmoins quelques gerbes peuvent échapper au moissonneur.

Quoi qu'il en soit, nous pensons avoir accompli une œuvre utile.

Puisse ce sincère hommage, contribuer à faire

ressortir encore davantage, l'importance de la cité nazairienne.

Nous nous estimerons très heureux si, ayant su captiver pendant quelques instants l'attention du lecteur, nous sommes parvenu à l'intéresser.

G. Le Barbier de Pradun.

CAHORS, IMPRIMERIE A. COUESLANT. — 9.955

www.ingramcontent.com/pod-product-compliance
Ingram Content Group UK Ltd.
Pitfield, Milton Keynes, MK11 3LW, UK
UKHW020950220726
13924UKWH00002B/598